1 Male den Bären
und seine Sachen so an,
wie sie im Buch
beschrieben werden.

2 Welches Kuscheltier nimmst du mit in dein Bett?

Was ist es? _____

Wie heißt es? _____

3 Was spielen Wuschelbär und Benjamin? Setze
nach jedem Wort einen Trennstrich und verbinde
den Satz mit dem richtigen Bild.

SielaufenzumBachundlassenihre
Papierschiffchenschwimmen.

SieliegenaufdemTeppichund
denkensichGeschichtenaus.

SiebaueneinenHubschrauber
undfliegennachAfrika.

1

1 Erkläre das Bild.

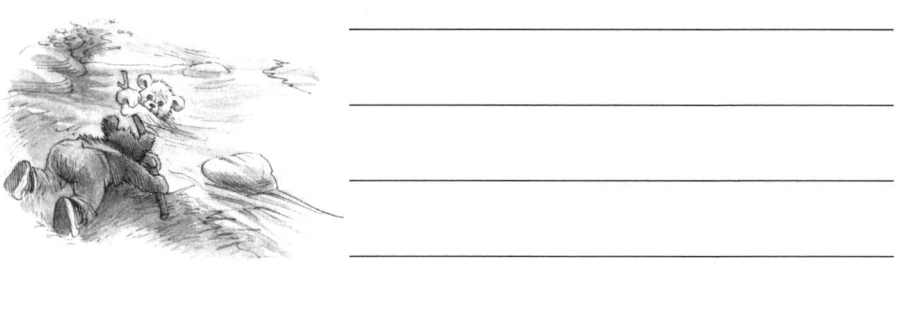

_____

_____

_____

_____

2 Wer hat die Idee, dass der weiße Bär bei Wuschelbär und Benjamin bleiben soll? Kreuze an.

M    L    F

3 Was meinst du? Warum sagt Wuschelbär, dass er auch ein bisschen nass geworden ist? Kreuze an.

☐ Wuschelbär will von Benjamin gestreichelt werden.

☐ Wuschelbär ist eifersüchtig.

☐ Wuschelbär will, dass Benjamin Zeit für ihn hat.

☐ Wuschelbär will auch einen Schnupfen bekommen.

! _Trage den richtigen Buchstaben für das Lösungswort in das 1. Kästchen auf Seite 15 ein. (Aufgabe 2)_

1 Finde alles, was Wuschelbär nun teilen muss, aber nicht teilen will. Umkreise die Wörter im Suchworträtsel.

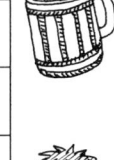

W	P	T	Y	I	O	C	Q	K	Y	C	Y	Q
S	T	E	R	N	E	N	K	I	S	S	E	N
J	B	E	N	J	A	M	I	N	D	M	F	Z
D	A	B	E	C	H	E	R	I	O	X	N	K
W	V	H	O	S	E	R	S	Z	I	M	K	S
E	K	O	V	O	L	N	F	Q	M	R	X	J

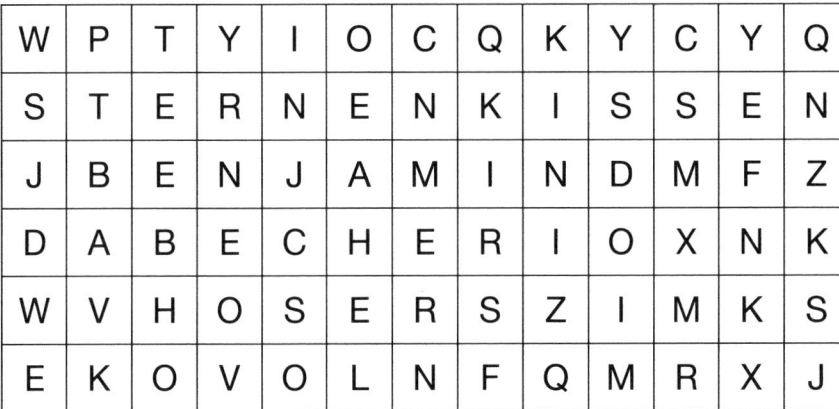

2 Was denken oder sagen Benjamin und Wuschelbär über den weißen Bären? Schreibe die Sätze richtig auf.

keinen | lieben | soll | Benjamin | haben | anderen | Bären

_____

_____

Wer denkt das? _____

jetzt | hast | einen | Bärenbruder | Du

_____

_____

Wer sagt das? _____

3

1 Wer sagt was? Schreibe für Benjamin **B** und für Wuschelbär **WB**.

_____ Wenn er keinen Schnupfen hat, können wir morgen alle zusammen spielen.

_____ Zu zweit kann man viel besser spielen.

_____ Weiße Bären mogeln beim Spielen.

_____ Du bist ein ganz dummer Bär.

2 Der weiße Bär sucht Wuschelbärs Freundschaft. Verbinde richtig.

Wenn etwas Schlimmes passiert, ...	gebe ich dir die Hälfte von meinem.
Wenn du traurig bist, ...	will ich dir auch helfen.
Wenn du keinen Kakao mehr hast, ...	kann ich dich zum Lachen bringen.

3 Warum schubst Wuschelbär den weißen Bären fort? Kreuze an.

[I] Weil der weiße Bär noch ein Stück näher rückt.

[O] Weil der weiße Bär ihm Kakao geben will.

! _Trage den richtigen Buchstaben für das Lösungswort in das 2. Kästchen auf Seite 15 ein. (Aufgabe 3)_

1 Suche die falschen Stellen und streiche sie durch.
Schreibe die richtigen Wörter darüber.

Ich will einen Bruder haben und dich erst recht nicht.

Ich mag keine braunen Bären und du brauchst mir nicht

zu schreiben und nett finde ich dich auch nicht

und deinen Saft kannst du selbst trinken.

2 Wie viele Fehler hast du gefunden? Kreuze an.

S fünf   N sechs   F sieben

3 Kannst du Wuschelbär verstehen?
Kreuze an und begründe.

☐ Ja   ☐ Nein

weil _____

_____

_____

! *Trage den richtigen Buchstaben für das Lösungswort
in das 3. Kästchen auf Seite 15 ein. (Aufgabe 2)*

5

1 Wie fühlt sich Wuschelbär, als er weglaufen will? Kreuze an.

☐ enttäuscht   ☐ ängstlich   ☐ mutig

☐ traurig   ☐ eifersüchtig   ☐ wütend

2 Woran denkt Wuschelbär? Trage die Wörter in das „Wichtige-Wörter-Krisskross" ein.

S

R

Benjamin

Hubschrauber

Löwenjagd

Bach

Schiffchen

Geschichten

1 Schreibe die Wörter, die zu Wuschelbärs erster Nacht im Wald gehören, richtig ab.

S☐☐☐tt☐☐ _____

Baumwurzel _____

Höhle _____

Moos _____

2 Als Wuschelbär aufwacht, will er Benjamin „Guten Morgen" sagen. Aber der liegt nicht neben ihm. Schreibe drei passende Adjektive (Wiewörter) auf, die beschreiben, wie sich Wuschelbär fühlt.

_____

_____

3 Zu wem sagt Wuschelbär im Wald nicht „Guten Tag"? Kreuze an.

☐T Amsel ☐M Kaninchen

☐D Eule ☐K Eichhörnchen

☐B Rehe ☐L Fuchsmutter

! *Trage den richtigen Buchstaben für das Lösungswort in das 4. Kästchen auf Seite 15 ein. (Aufgabe 3)*

1 „Nein, das will ich nicht", schreit der Wuschelbär. Schreibe auf, was die Fuchskinder mit Wuschelbär tun. Finde die vier passenden Verben (Tunwörter).

_____

_____

_____

_____

2 Male Wuschelbär so,
wie er nach seinem Besuch
bei den Füchsen aussieht.

3 Sieht Wuschelbär auf deinem Bild so aus?
Ordne die Buchstaben.

uterzazs: _____

rkratztze: _____

Kontrolliere dein Bild.

8

1 In welcher Reihenfolge stehen die Sätze im Buch?
Nummeriere.

◯ Der bunte Becher rollt davon, er rollt in ein
Kaninchenloch und ist verschwunden.

◯ Da stolpert er und fällt in eine schwarze Pfütze.

◯ Und als der Wuschelbär wieder auf den Beinen
steht, kann er den Hasen nicht mehr sehen.

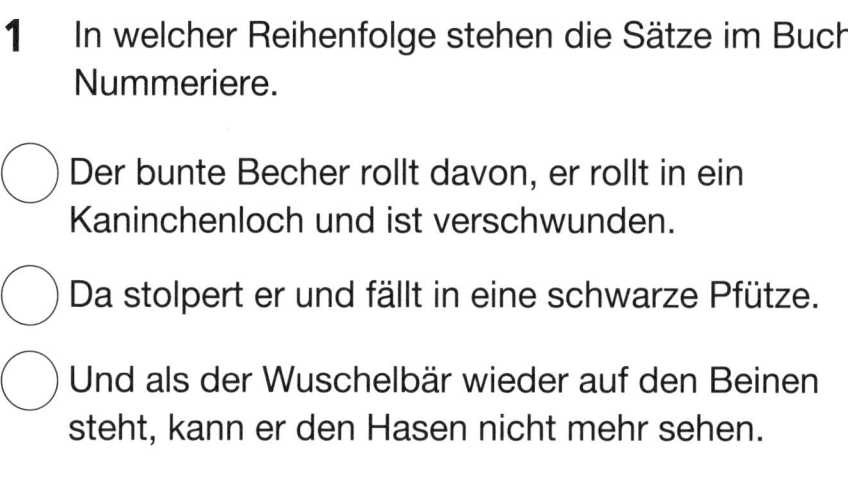

2 Kreuze die richtige Textstelle an.

A Sein Fell ist nass. Er hat Hunger und Heimweh.
Er fürchtete sich vor der nächsten Nacht.

E Sein Fell ist nass. Er hat Hunger und Heimweh.
Er fürchtet sich vor der nächsten Nacht.

I Sein Fell war nass. Er hat Hunger und Heimweh.
Er fürchtet sich vor der nächsten Nacht.

! *Trage den richtigen Buchstaben für das Lösungswort
in das 5. Kästchen auf Seite 15 ein. (Aufgabe 2)*

9

1 „So ein altes, schmutziges Ding", sagt die Frau zu Wuschelbär. Was glaubst du, was er in diesem Moment denkt? Schreibe auf.

_____

_____

_____

2 Wuschelbär schluchzt. Schreibe die fehlenden Buchstaben in die Kästchen.

U☐☐ i☐☐ w☐☐☐ a☐☐☐ n☐☐☐ H☐☐☐☐.

3 Was gehört zusammen? Verbinde.

Er ist weggelaufen, ...	weil er Sehnsucht nach Benjamin hat.
Er bleibt im Wald, ...	weil er wollte, dass Benjamin sich um ihn kümmert.
Er bemüht sich selbst den Weg nach Hause zu finden, ...	weil er hofft, dass Benjamin ihn suchen kommt.

1 Kreuze den richtigen Satz aus dem Buch an.

$\boxed{\text{S}}$ Bären fliegen nicht.

$\boxed{\text{Z}}$ Können Bären nicht fliegen?

$\boxed{\text{F}}$ Bären können nicht fliegen.

$\boxed{\text{V}}$ Bären kennen keine Fliegen.

2 Schreibe den Satz so auf, wie er im Buch steht.

weil nicht mehr er so allein will sein in Aber dem Wald
dunklen er auf Tanne die klettert

_____

_____

_____

3 Wer sagt was? Schreibe für die Eule **EU** und
für Wuschelbär **WB**.

_____ Jetzt geht es los.

_____ Zuerst musst du die Flügel heben.

_____ Ich habe keine Flügel.

_____ Doch!

_____ Das sind Arme.

! *Trage den richtigen Buchstaben für das Lösungswort
in das 6. Kästchen auf Seite 15 ein. (Aufgabe 1)*

1 Unterstreiche die falschen Wörter und schreibe die richtigen Wörter darüber.

Der Weißbär liegt unter der Fichte und weiß nicht, wie

es weitergehen soll. Das Bein tut weh, der Po auch.

Nicht einmal in die Hölle kann er kriechen. Das Moor

wird feucht vom Tau.

2 Wie viele falsche Wörter hast du gefunden?

A drei   O vier   U fünf

3 Wie oft findest du auf den Seiten 41 bis 45 die folgenden Wörter? Kreuze an.

Flügel: C zweimal   B dreimal   K viermal

Flügeln: H zweimal   K dreimal   L viermal

! *Trage die richtigen Buchstaben für das Lösungswort in das 7., 8. und 9. Kästchen auf Seite 15 ein. (Aufgabe 2 und 3)*

1 Wuschelbär hört im Wald auf einmal seinen Namen. Was glaubt Wuschelbär, wer ihn gerufen hat?

S Benjamin

D der weiße Bär

G das Mädchen

2 An einer Stelle merkt man, dass Wuschelbär immer noch eifersüchtig ist. Suche sie und schreibe auf.

_____

_____

_____

_____

3 Schreibe auf, was der weiße Bär zu Wuschelbär sagt.

Do best dich maen Brodar.

_____

_____

_____

! *Trage den richtigen Buchstaben für das Lösungswort in das 10. Kästchen auf Seite 15 ein. (Aufgabe 1)*

1 Was hat der weiße Bär alles für Wuschelbär getan? Kreuze an.

☐ Er hat Benjamin zu ihm geführt.

☐ Er ist alleine in den Wald gegangen, obwohl er Angst hatte.

☐ Er hat ihn getröstet.

☐ Er bringt ihn zum Lachen.

☐ Er macht ihm Mut.

2 Erkäre das Bild.

_____

_____

_____

_____

_____

_____

_____

1 Vergleiche das Bild vom Beginn der Geschichte
mit dem Bild vom Ende der Geschichte.
Schreibe auf, was dir auffällt.

1 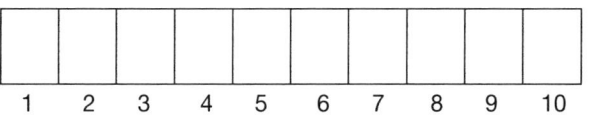 2

_____

_____

_____

_____

_____

Lösung:

1   2   3   4   5   6   7   8   9   10

So heißt ein weiteres Buch von Irina Korschunow.

Irina Korschunow wollte schon immer gern schreiben. In der Schule schrieb sie manchmal drei Aufsätze gleichzeitig. Später ist das Schreiben ihr Beruf geworden.
Allein beim dtv-Verlag hat sie schon über 2 Millionen (2 000 000) Bücher verkauft.

Suche noch drei Bücher von Irina Korschunow.

1. _____

2. _____

3. _____

Unter www.antolin.de kannst du im Internet nach Büchern von Irina Korschunow suchen. Dort gibt es viele Quizfragen zu Büchern.